A ma Mère, ma première lectrice,

A Toulouse, la ville qui m'a inspirée

A tous ceux qui m'ont soutenue

Les voyages sont,
dans l'esprit comme dans la réalité, un espace temps d'instrospection
autant que d'ouverture aux autres.

Malo

VELOCIPEDE

Les sables du temps

S'échevelent, et écument

Le noir bitume.

L'horizon flottant

Sur la route

Qui déroute,

S'enfuit cahotant.

Un brin moqueur

Il échappe au voyageur.

Et roulent,

Sous les pédales,

Les brutales :

Rouges passions

Noir oraison

Tendres poison

Incarnations!

Les pieds dans l'asphalte,

Un saule hilare

Danse et exhale

Une odeur de tiare...

Et le soir,

Et l'espoir,

S'en vont trop bavards

Au vent discret

D'un crépuscule violet.

Et roulent,

Sous les pédales

Estivales,

Bleu-meurtrissures

Vert-amertume

Fauve- aventure

Opale écume !

Soleil s'éparpille

Marguerite vrille,

Belle anisée !

Il vogue amusé

Un navire

Qui chavire :

C'est l'éternité volatilisée,

Décomposée,

Comme on voit l'aube rosir.

Présent, passé, avenir,

Mémoire, projets et rires...

Les sables du temps s'envolent,

S'abandonnent,

Et tourbillonnent

Dans les herbes folles !

SILENT NIGHT

HOLLY NIGHT!

I

Seule en silence,

Seule en urgence,

Violence,

Défiance.

Au bord des routes,

Noyé de doutes,

Flux de honte,

Démonte,

Déroute,

Remonte...

Enchaîné vifs aux serpentins

Du cupide existentiel,

L'holocauste est vraiment humain

Et volontaire sur l'autel

D'un dieu ubiquiste, outrageant,

Éternel:

L'Argent.

II

Rebelle errance

Dans l'opulence;

Outrance,

Démence.

Dépense orgiaque

Dionysiaque

Quand la foule,

Futile,

Est soûle

D'inutile.

Et, mouvante aux sons des slogans,

Elle frémit, éblouie, elle crépite,

Frissonne d'illusions, palpite

Comme un papillon divagant.

Car ici "Consomme" est un saint

Et l'humain?

Catin!

III

Rouge souffrance,

Noire existence,

Pitance,

Absence.

Des milliers

Au soupirail

Des richesses,

Nus-pieds,

Bataillent,

Et transgressent.

Mendigote à ton froid chevet,

La moralité, entravée,

De pitié ou de mépris,

Rassasie ta manche meurtrie,

Ô, toi, haillon que Société

---lâcheté---

Proscrit!

IV

Parlons! Vaccins

Gâchés;

Brumes Electriques

Femmes aux seins,

Si vides

D'où pendent, écorchés,

Leurs mômes trop avides...

Colère! Bangkok

En loque:

Au fond des chambres

Se cambrent

Tant de reins infantiles;

Le pervers est tranquille....

Et, pendant que nos sociétés,

"Civilisées", si viles essaient

De bonne conscience de s'engraisser;

Et, pendant qu'en eux, indompté,

Enfle un égoïsme féroce,

Dans un globe encore plus à leur merci,

Le ventre des gosses,

Malnutri, grossit...

V

Lors, ce petit monde réjouit,

A Londres, Paris ou Berlin

Bourdonnant en un sourd essaim,

Tout en paillettes s'évanouit

Aux doux millions qui le démembrent

En ce vil vingt quatre Décembre...

ESTHETIQUE DU VIDE

Je tombe...

Dans l'onde,

Vois le monde

En un pleur

Se meurt !

Il éclate,

- Écarlate -

M'éclabousse,

Me courrouce...

Et je me perds

Loin dans la mer

De ce dégoût,

De son vert goût.

De tout,

Je me fous !

C'est le vide,

Putride,

Sidéral,

Malo

Mais fatal,

Obsédant

Comme le temps

Et je me perds,

Loin dans l'amer

De ce néant,

Bien trop brûlant...

Je tombe...

Dans l'onde

C'est immonde,

Une fange,

- Orange -

M'engloutit

Et mon cri

Qui résonne

Est atone.

Tout perd son sens...

Ma vie d'errance,

De sa douleur,

M'écœure...

ILS ....

Ils voulaient que je sois conforme

Que leurs règles soient mes normes,

Ils faisaient de moi l'otage

De leur funeste équipage...

Savent-ils seulement que, marionnettes

D'un cycle qui d'eux se nourrit,

Dont ils tuent la quintessence,

Ils cheminent à l'aveuglette

Puis ils disparaissent aigris,

Amers et déplorant de l'existence

La vanité, l'absence de sens...

D'un souffle, c'est la vie qu'ils injurient.

Ils bâtissent des cathédrales,

Mosquées, temples, synagogues,

Saints, prophètes ou cabales,

Ô comme l'homme est mythologue

D'avoir créé ces dieux à son égal!

Ainsi, nourris de leur démence,

Ils ne voient l'insignifiance

De leurs êtres misérables

Qu'enchevêtre inéluctable

Cet univers maître et indifférent

A ce monde qui se méprend

Sur tout, ses routes comme son importance.

Ils inventent des systèmes,

Idéaux, gouvernements,

Ces catastrophes qu'ils sèment

Matériaux, investissements,

Sont-elles les plus belles réussites

De leur civilisation ?

Les futures générations,

Auront-elles le regard tacite

Quand, des horizons écarlates

Se lèveront de terribles auspices ?

Seront-elles assez scélérates

Pour accuser Nature et ses caprices ?

Moi, je préfère partir

Plutôt que de souffrir,

Et ne rien connaître

Que cette douce facette

Ce calme, ce bien-être

Avant la tempête.

SAND IN MY SHOES

Du sable dans mes chaussures

Et les poches vides

De la douceur, une vie de

Bohême et d'azur...

Pour toi, je change de rivage,

Moi, qui ne suis que de passage.

Mes pas, tout seuls s'effacent,

Veux tu laisser ta trace ?

M'accorderas-tu un duo,

Où le bonheur sera credo

Tu vois, rien de spécial,

Surtout rien d'idéal ?

Du sable dans mes chaussures

Dans l'air frais, salé,

Tout mon ciel s'est étoilé

Depuis ton azur !

C'est sûr, le doute aura son heure,

Mais nos jours sauront tout l'arôme

La force, le doux baume,

D'un amour sans fadeur.

Quand nous joindrons nos horizons

Même s'il n'y a qu'un lendemain,

Ton cœur sera mon chemin

Et mon cœur, ta saison...

Du sable dans mes chaussures

Le temps, ton azur,

Simples et sereins, deux cœurs,

Une vie meilleure.

" TU SAIS, MOI JE N'OSE

Tu sais, moi, je n'ose

Espérer qu'un jour,

Pour un doux amour

Nos coeurs moroses

Se lient puis éclosent.

Espérer qu'un jour

L'on vienne ensemble

- Mes rêves en tremblent ! -

À vaincre les déserts sourds

De la vie et de l'amour...

Partager nos heures,

Nos incertitudes,

Nos envies, nos peurs,

Ô alter des solitudes !

Ô amant d'éternitude !

Enfin, quand nos corps

Jaspés de nos transes,

Brûleront les sorts,

Saigneront même la mort,

Aux brasiers de l'existence,

Alors nous saurons

Que nous périrons

Fous, de la douleur,

De perdre ce cœur

Que l'on nomme Âme soeur...

PEPO

Pepo, tu joues

Au grand Casanova ;

Joli filou

Qui séduit puis s'en va !

Ton petit cœur pétille

Pour la jeune fille

Qu'avide, tu possèdes

Et qui te cède...

Pepo, tais toi !

Ne parle d'amour,

Toi, petit roi

Que l'ego rend sourd !

Il étoile ton œil,

Le doux orgueil

D'avoir ravi la fleur

De tendres cœurs ...

Mon gentil diable,

Que d'arrogance,

Pour une fable

Sans conséquences !

J'ai un aveu,

Une insolence :

Tu ne fus à ce jeu

Qu'homme de circonstance !

EDEN

Ta peau contre ma peau,

Qui que tu sois,

Je n'ai de loi

Qu'amour et Beau...

Ton corps contre mon corps

Humide et las

-Fi donc du Sort !-

Mordons ces heures là !

Nos corps au creux du lit

- Ô chaos lent,

Ô flot brûlant -

Expirent dans l'oubli.

Donnes moi ta bouche

Viens, ne t'effarouche !

Donne moi tes reins,

Tes soupirs, tes mains !

Ô je m'envole,

Où tu t'envoles.

C'est l'heure

- Bonheur !-

Où tous les deux,

Où deux c'est mieux...

Enfin !

Juste un !

- Un -

LONGTEMPS ENCORE...

Longtemps encore

Ton parfum embaumera l'air

Longtemps encore

Tu peupleras mes atmosphères

L'horizon, l'avenir

Et la terre, et la mer

Je les donnerai pour tout l'or,

Pour tout l'or d'un sourire.

Même l'enfer

Eût été joyeux

Si, pour tous cieux

J'avais eu l'éther

De ton regard amoureux.

Hélas, la vie

A rongé nos âmes ravies...

Ô Vois! L'amour

N'est plus que faible pitié

Et tendresses liées.

Ô vois ! Nos cœurs sont sourds

A l'un, l'autre, duo fantômes

D'un amour sans royaume !

Même l'enfer

Eût été joyeux

Si, pour tous cieux

J'avais eu l'éther

De ton regard amoureux.

Moi, je repense encore à toi

A ta voix, autrefois,

A ton amour pâli,

Qui geint, et nous supplie

Entre le passé et l'oubli.

LE FUNAMBULE

L'enfer le paradis,

La mort et la misère

Qu'importe bien ces terres

Où les cieux sont maudits.

A mille lieux du sol...

Je vis de l'air !

De prairies, de joies folles

- Tourbillon vert -

Funambule à mes heures,

Le temps est ma couleur.

Le destin, léger fil,

Est vertige subtil...

Qu'importe bien hier,

Demain s'en moque

Du quart comme du tiers

C'est que du toc !

Je dors où j'ai sommeil,

Vis sans trop de questions,

Et mon cœur se réveille,

Brûlent mes tentations...

Que vive ma bohème !

Je pars en voyage

Mes ailes sont poèmes,

- Oiseau sans cage -

Pure et spontanée, c'est pile!

La vie prise au vol !

Face ! Sur le fil,

Des ailes sur les épaules....

Pile ou face, tout s'efface

Et moi sous les ondes

Je naît à ce monde

Regarde ! Voici ma trace !

MORPHÉE

Morphée, ô mon amour,

Doux amour,

Toi que mes jours sordides

N'intimident...

Je veux vivre en paix

Moi, lovée

Calme en tes bras de lait

Et rêver...

Mais eux en ton royaume

C'est horrible :

Sur mon âme, invisibles,

Leurs fers trônent...

Et leurs rires m'enchaînent

Et éclatent

En tonnerres amers,

Cris d'hier...

Puis l'azur s'est ombré

De poussières ;

Des lueurs font pleurer

Mes enfers...

Ô laisse-moi plonger,

Extatique,

Dans ce gouffre orangé.

Magnétique...

Soit celui qui y trouve

Le chemin,

La porte qui s'entrouvre !

Mais enfin,

Déploie ces latitudes

- Plénitude -

Où fondent mes souffrances,

Mes démences !

Viens sur mon âme absente

Triompher

Foudroyer la tourmente

Ô Morphée !

ENFILEZ VOS GALOCHES

Enfilez vos galoches,

Partons à l'aventure.

L'aube étend sa voilure,

L'horizon s'effiloche

Fumant aux encensoirs,

À l'orée des grands soirs.

Partons à l'aventure

Couchons à la Grande Ourse.

Le temps éteint sa course,

Le monde se fissure.

L'aube étend sa voilure,

Il bruine dans l'éther

Comme un souvenir sûre

Aux ressacs de la mer.

L'horizon s'effiloche

Rutile puis s'étire

Comme volent vos rires

Aux sons des doubles croches.

Fumant aux encensoirs,

Adieu Dieux, Diable, espoirs

Autels, vitraux oranges.

Laissez geindre les fanges!

À l'orée des grands soirs,

Un feu : des silhouettes

Dansent menues, fluettes

Phosphores dans le noir...

Enfilez vos galoches,

L'or de demain inspire

L'air d'hier en expire

Et vos vies s'effilochent...

SANDY

Sandy, minuit, s'ennuie,

Déprime...

Sandy rêve à la pluie,

S'arrime

Aux rivages détruits

Abîmes...

Un fauve désespoir,

Épais brouillard

Anéantit l'espoir.

L'esprit navré,

Sandy cède au hasard,

Sait de chimères s'enivrer...

Elle boit des mots,

Envie des sots,

Noie ses écrits,

Aux liqueurs de ses mièvreries.

Malo

L'inspiration a fui...

Sandy la nuit,

C'est une ombre grise,

Un cœur déçu,

Dérivant à la bise

Entre les rues cossues.

Elle perd Nord et Tribord,

Sandy

Maudit la vie, le sort,

Sandy

Ces phrases sans effort

Mendie...

Elle veut disparaître

Au sein du vers,

Mais errant dans l'éther

Elle va renaître :

D'une vie en sommeil

Créer une aurore vermeille.

Enfuient au son des rimes

Souffrances...

Sandy inscrit, décime,

- Silence -

Résonne, foudroie, imprime,

Sa chance!

LE JEU OÙ JE

Moi papillon

Dans ta toile,

Je me dévoile

Mais à tâtons...

Au jeu où je,

Je suis ton jeu...

Dois je te craindre

Ou juste feindre ?

Dois je nous lier

Ou nous délier ?

On joue le jeu,

Le jeu où je

Suis une proie

Et toi ma loi ?

Sèmes tes coups

Entre mes doutes :

Je les déjoue !

Tu en rajoutes,

Tu nous trahis

Mais c'est inouï !

Tu m'attends,

Et moi j'hésite...

Moi, envoûtée,

Mais c'est dément :

Ce sentiment

Lourd, ambiguë

Opium, ciguë,

Est l'embuscade,

Le poison-roi

D'où ne s'évade

Ni moi, ni toi.

Eh ! Prédatrice !

Ton p'tit caprice

Et ton faux pas

C'est ta fierté !

Fausses vérités

Ou vrais appâts ?

ô dans les mêles

De mes enfers

Que tu démêles

Oh! Tu t'y perds !

Tu t'ensorcelles

Malo

De tes alcools,

De mes paroles

Que tu emmêles.

Tu manipules,

Tu t'encrapules...

Pour toi, l'amorce

De l'illusion,

Pour moi la force

De la raison.

T'es face à moi

De toi à moi

Si je suis proie

Quelle est ta loi ?

Laisses moi rire

(Impertinence !)

De tes sourires

Tes manigances

Et tes croyances !

Au jeu où je,

Je suis ton jeu;

Tu sais y croire

Dans le miroir,

Tu perds l'envers

Perdu le verre !

Moi évanouie

Reste, éblouie,

- Toi - !

OPIUM

Lasse, je goûte

Aux nuées vert-espoir,

Qui se perdent, dissoutes,

Dans l'air du soir,

Opalescentes dans le noir...

Oh, j'ai eu tort :

Pas l'ombre de l'amour !

Mais ton fade caprice

Qui me grise et m'endort

Mordant mes cicatrices...

D'abord doux

Tendre puis flou,

Gentiment cruel,

Puis âcre comme ces ciels

Où l'amertume ruisselle ;

Cet amour

Mensonge, opium,

Est songe sans jour ;

Moi, ivre de son rhum,

C'est une île sans retour...

Je pars, rêveuse,

Les senteurs capiteuses

D'une fleur machiavélique

Lourde, fiévreuse

Ont noyé mon cœur extatique.

Relents amers

Ecoeurements bachiques...

Et, j'errais, narcotique

En ton vague univers,

Soûlée par tes chimères...

Sais-tu, toi-même,

Que tu n'as pour toute richesse

En amour, qu'une illusion blême,

Un stratagème ?

Et, abusant de mes faiblesses,

Ose encor dire que tu m'aimes !

Ose encor dire que tu aimes !

NAUTICA

Au loin un bateau,

Que balancent les flots,

Vision d'un radeau

Dont subsistent les falots.

Leurs lumières ardentes

Dessinent sur l'écume lactescente,

Des éclairs et des nappes sanglantes

Au milieu des mâtures ondoyantes...

Ce n'était pas un frêle esquif

Qui, voguant au large des récifs,

Bravait des mers échevelées,

Accostait les ports dépravés.

Et qu'il tanguait ferme ce pont,

Au-dessus du gouffre sans fond...

On priait de peur qu'il ne surgisse,

Le Ça présage d'apocalypse.

Ah valeureux équipage!

Le scorbut et la faim t'entraînent

Autant que la soif du large,

D'or englouti, de terres lointaines.

Mais des profondeurs de l'océan

Remonte le Léviathan -

Majestueux, terrible, inquiétant -

Exutoire du néant.

L'homme se sent invincible,

Saoul d'une force inflexible,

Défiant toute civilisation

Comme autrefois les horizons.

Enfin, en lui à présent

Se déchaînent les fondements,

Découvrant bien au-delà

Les bathys de son Moi.

Alors redoublent les borées

Et déjà la coque se tord,

Impitoyable, la lame mort

Et les vents achèvent le supplicié.

Et la mort, épouvantable,

Et la poupe hérissée, lamentable,

Les haubans hurlent la fin des souffrances,

Qu'enfin vienne la délivrance !

Puis le mât plonge, le pont craque,

Violemment, les drisses claquent.

Bientôt ne restent, des voiles déchirées,

D'un sort funeste, qu'un linceul fatigué.

L'homme retiendra de la mer,

Qu'elle fomente bien des mystères...

Ô esprit humain, au sein de ta faune

L'instinct est un roi, la raison son trône.

IVRESSE

Étendue immense

Sans envers ni sens ;

Obscurité moirée

Trouée de maints rays

Autant de chemins

Où remontent les bulles du destin...

Qui es- tu ?

Gouffre des solitudes

Où fermente l'incertitude

De nos âmes bi chromatiques,

Où luisent, électriques,

Des éclairs de bonheur

Entre amertume et douceur...

Où, Perdu sans horizons ni cieux,

L'éphémère or de tes crépuscules

Qu'une écume triste macule,

Absorbe dans nos yeux

Les pensées les plus secrètes,

De nos vies, la moindre lettre...

Sombre sous l'onde sauvage

Tu caches un cœur sauvage ;

Toi, qui n'as de réalité

Que la suprême liberté

Que tu offres en ton sein

A ceux que tu étreints.

Ô mer

Abysse cruel

Où la mémoire mêle

À l'envie féroce

D'aimer et de vivre,

Une douleur ivre

A la fois belle et atroce...

Ô mer

Temple amer, houle douce,

Ourlant de vagues rousses

Des contrées étranges...

Tu unis à la fange

Une beauté que dénude

Toute l'éternité de la Quiétude.

Et nos vies plongent,

Dans la joie ou la raison

Dans l'ennui ou le songe,

Selon que tu es élixir ou poison...

PLENITUDE

C'est frêle et doux,

Comme une caresse,

Comme la tendresse

D'un soleil flou.

Tout léger, le cœur,

Est libre enfin

Et boit, serein,

L'heureuse liqueur...

Un tel bonheur!

L'heure en étincelle,

Presque effarée,

D'en être azurée.

Ni dette, ni promesse,

Ni envie, ni désir,

Ni espoir, ni tristesse,

Juste un vertige expire...

Seul, l'instant est présent,

- Douce absence,

Douce errance -

De servitude exempt.

TEMPUS FUGIT

Et donner le temps,

À ce temps ?
Se donner le temps,

De bâtir,

Pour que l'avenir

Ne soit pas gâché

D'un passé tâché

Des relents du regret,

De n'avoir eu le temps

De faire ce qu'il fallait

Au bon moment.

Pourquoi pas? Hein dis,

Un sursis,

Le bonheur mérite

Ces heures

Floues que nécessite

Son nœud fondateur.

Et " tempus fugit"...

Et l'effroi de sa fuite

Fait pleurer la patience...

Mais quand s'offre en la vie

Une autre chance,

Le temps est-il un ennemi?

Et moi aussi, pourtant,

J'aimerais le soumettre,

Ce si terrible maître

Que l'on invoque tant.

YIN – YANG

En moi un nuage

Dans le vague du souvenir

S'étiole et se mire,

S'annihile : je n'ai plus d'âge...

Ni ancrage, ni pays,

Je suis libre et sans patrie

Et sur le sable, la trace

Fine de mes pas s'effacent,

A mesure qu'ils se lient

Au présent qui les délient.

En moi, le nuage

Sans violence mais sans tristesse

Se perd de faiblesse

Dans l'oubli des naufrages.

Je ne suis que passagère

Mon regard porte l'empreinte

Des lointains, de l'Étrangère...

N'y vois ni exil, ni plainte,

Mais si tu veux, sois ma terre,

Je serai ton atmosphère !

Tiens, voici les ailes

Là, accrochées à mes semelles !

Yin et Yang unis,

Nous tutoierons l'infini.

OLD AND WISE

Ô quand j'aurais

Des souvenirs

Bien plus que des projets,

Que l'avenir

Las, se sera figé ;

Moi, naufragée

D'un monde sans pendule

À l'horizon du crépuscule.

Ô quand les ans,

Tout doucement,

Auront tout délavé,

Des amertumes

Vives, aux joies gravées,

Feintes ou vraies,

Sur des jours sans volume,

Que la mémoire écume.

Seras tu là ?

Toi, par delà

Les fatigues du corps,

Malo

Les ombres de la mort ?

Seras tu là ?

Toi qui partage

Avec moi ce voyage

Sans boussole ni compas.

SILENCIO

Quand, dans l'immensité,

De cet insondable moment

De pleine liberté,

Se déplie lent, sûr, le Présent ;

Quand, seuls les éléments

Et une nature rieuse,

Vont murmurer au temps

Leur alchimie riche, curieuse ;

Quand, baignée par l'air doux,

La stupeur cristalline

M'envahit, sibylline ;

L'océan sans remous

De la Quiétude, immense,

M'abreuve de silence.

NI

Air glacé, sidéral

Ni sens, ni existence

Ni chaleur, ni animal

Ni odeur, ni engeance.

Tout à coup, c'est une planète,

Un caillou curaçao,

Sans queue ni tête,

Juste un écho...

Laissée au torrent du temps

Elle s'entête et palpite,

Dévalant l'espace,

-Ouragan-

Bulle que les cieux agitent,

Bulle rebelle et vivace.

Ni glacée, ni chaos,

Mais un riant berceau,

Mais une ardeur viride,

Mais un souffle humide.

Alors on entend une note,

Incongrue, qui cahote,

Une musique,

Une harmonique :

Symphonie en vie majeure

Pour des milliards de cœurs!

Car voici un monde

Qui inonde

Et défie, impertinent,

Tout l'univers éminent!

Il tourne et tourne,

Ce monde vain,

Détourne, ajourne,

À demain

-La Fin-

Malo

www.ingramcontent.com/pod-product-compliance
Lightning Source LLC
Chambersburg PA
CBHW022341040426
42449CB00006B/666